COLOR MAGIC

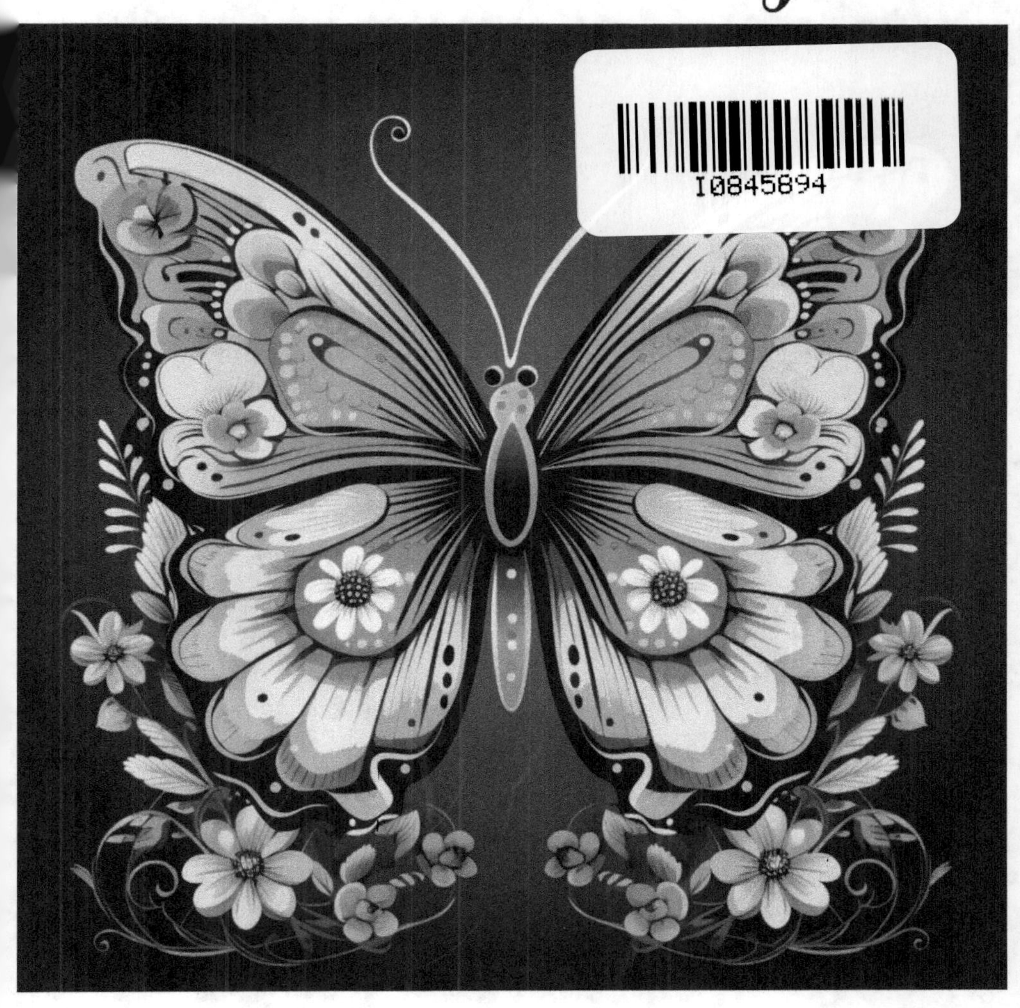

butterflies, tulips, peonies & vintage beauty

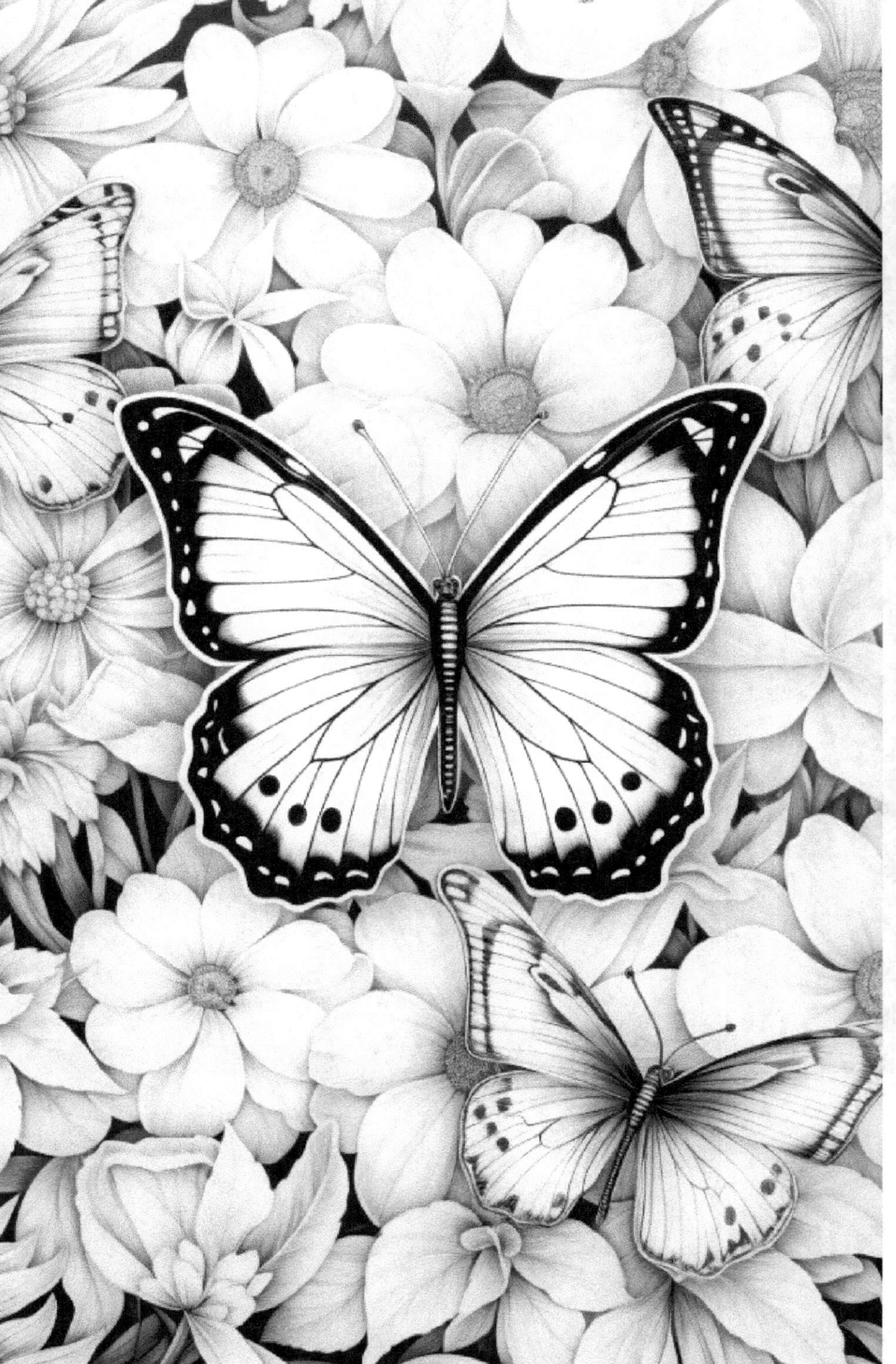

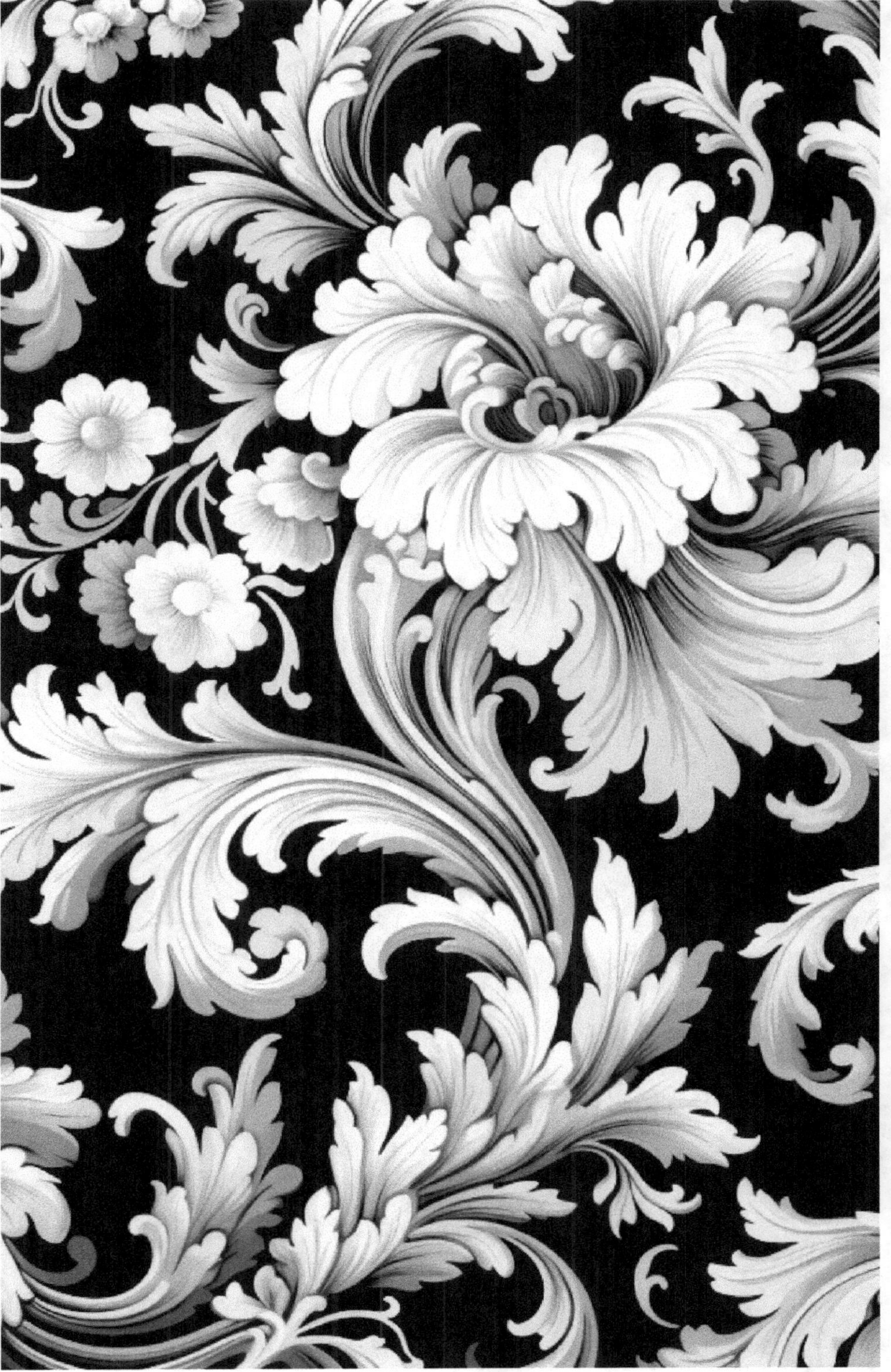

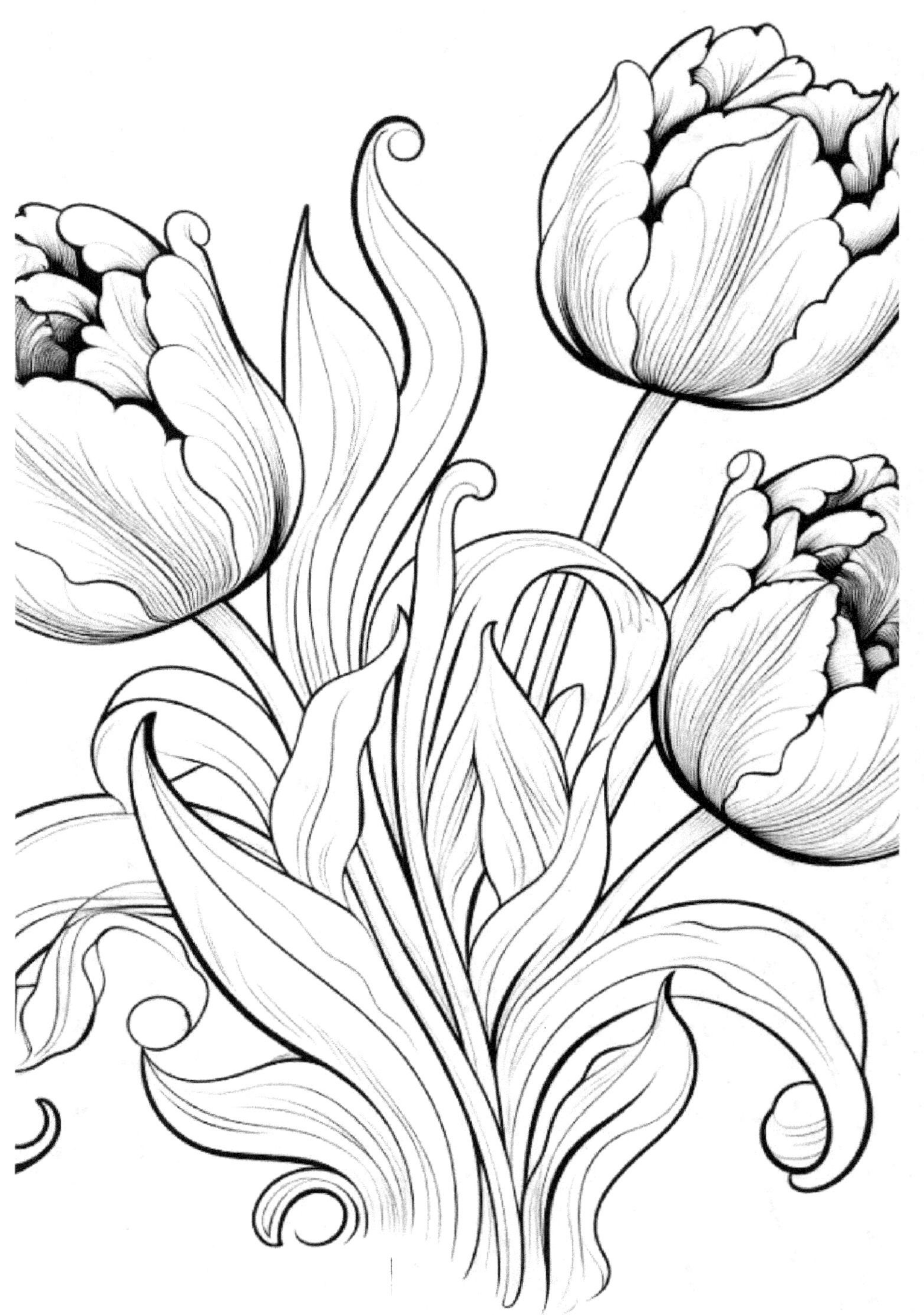

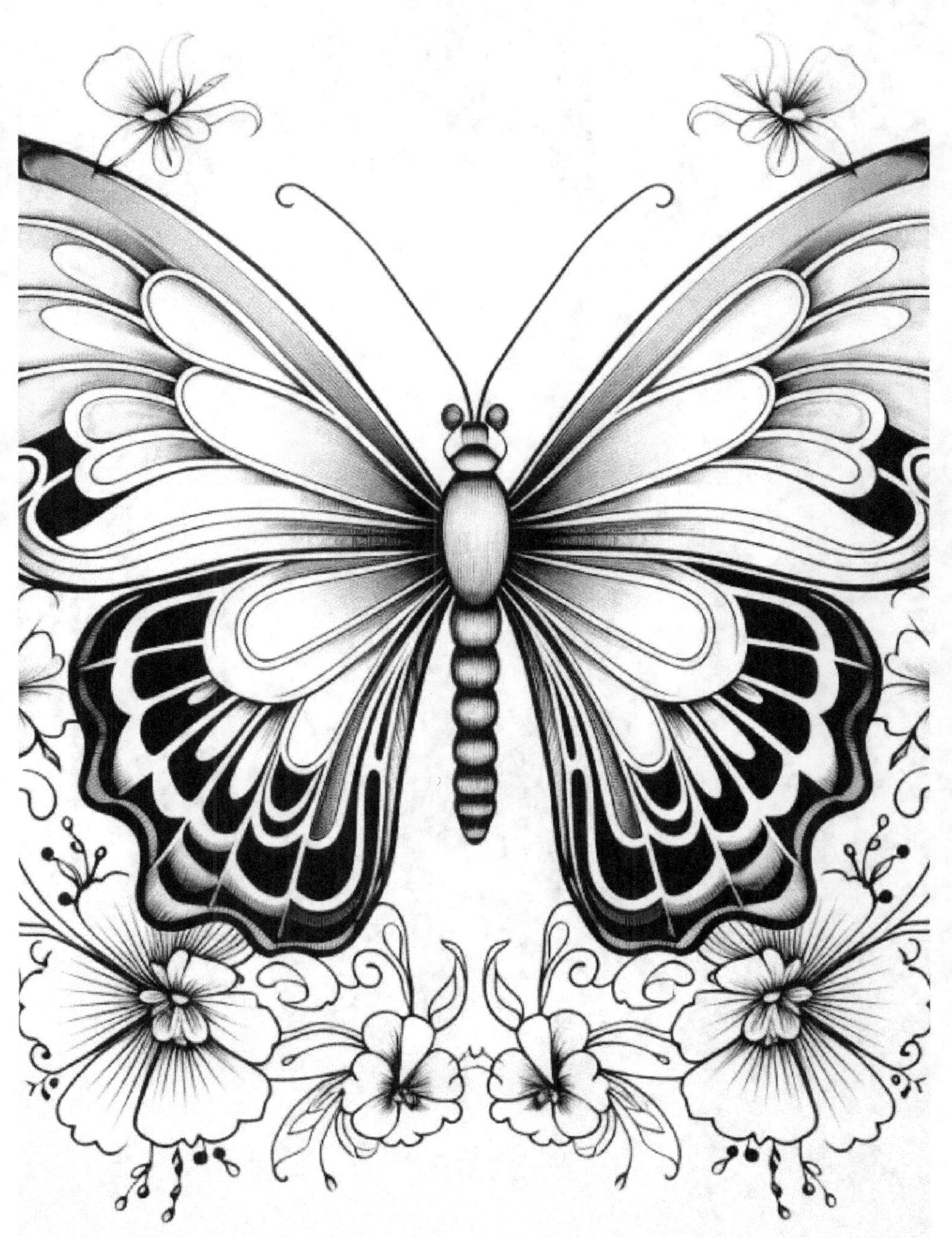

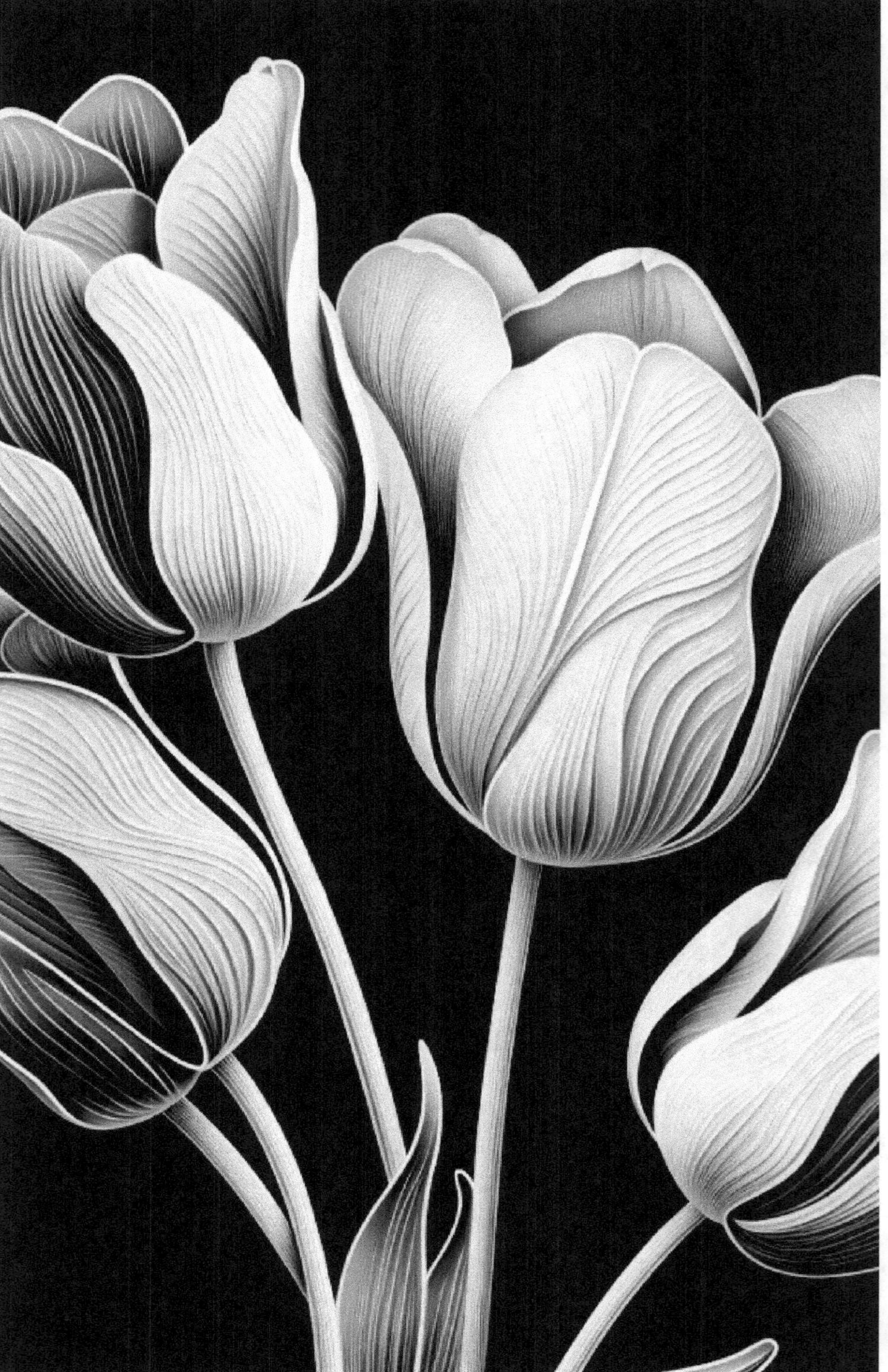

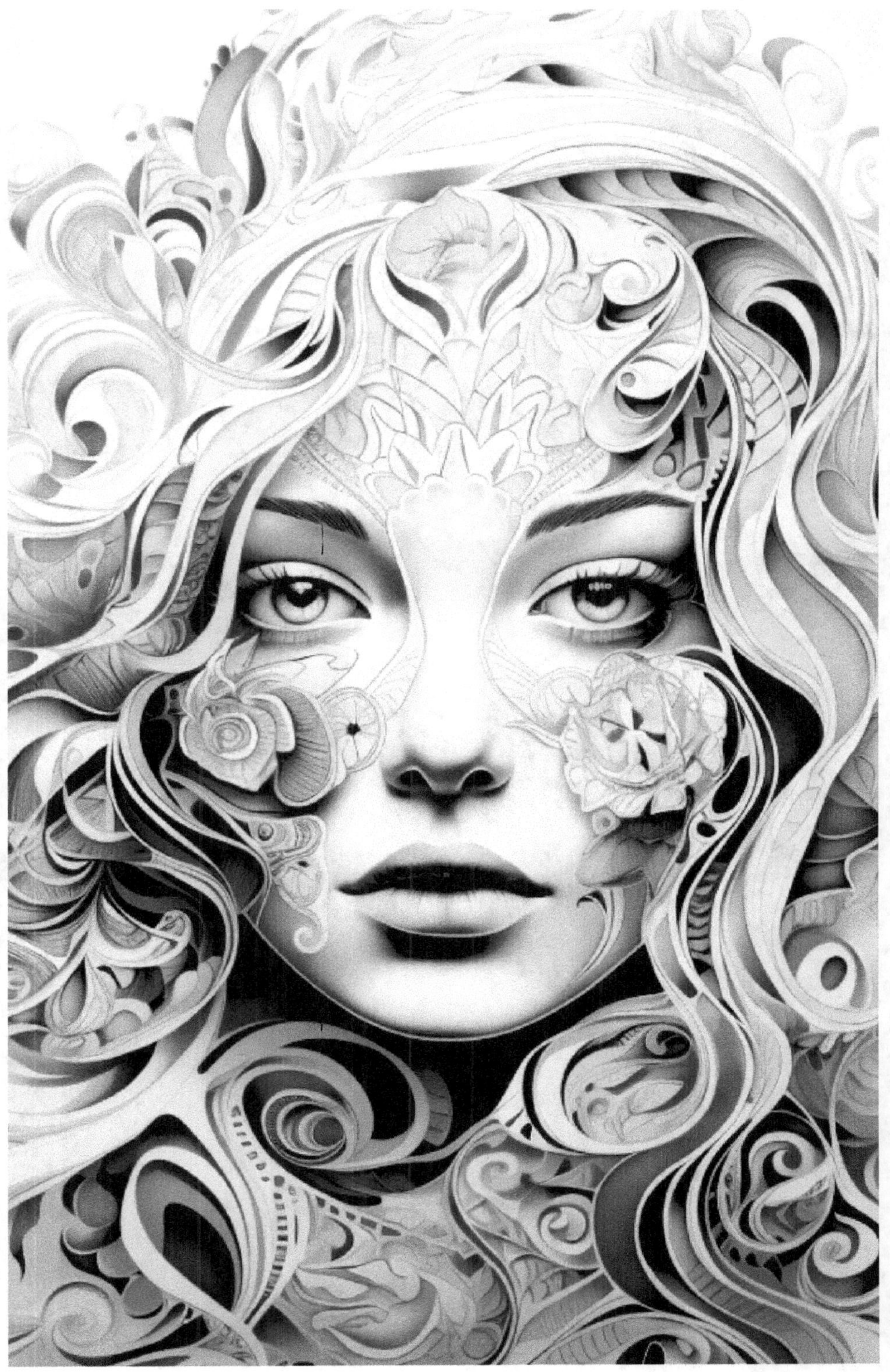

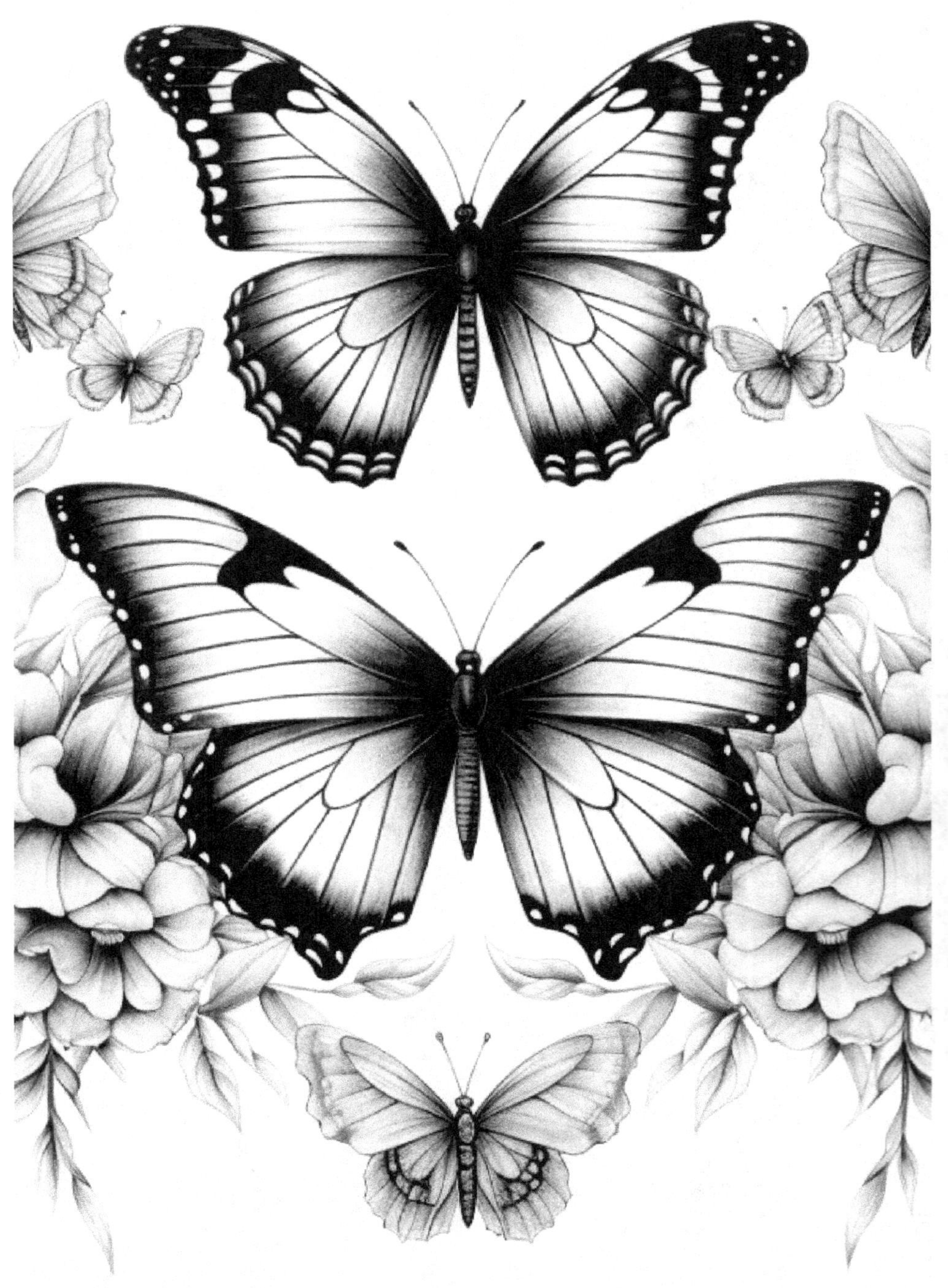

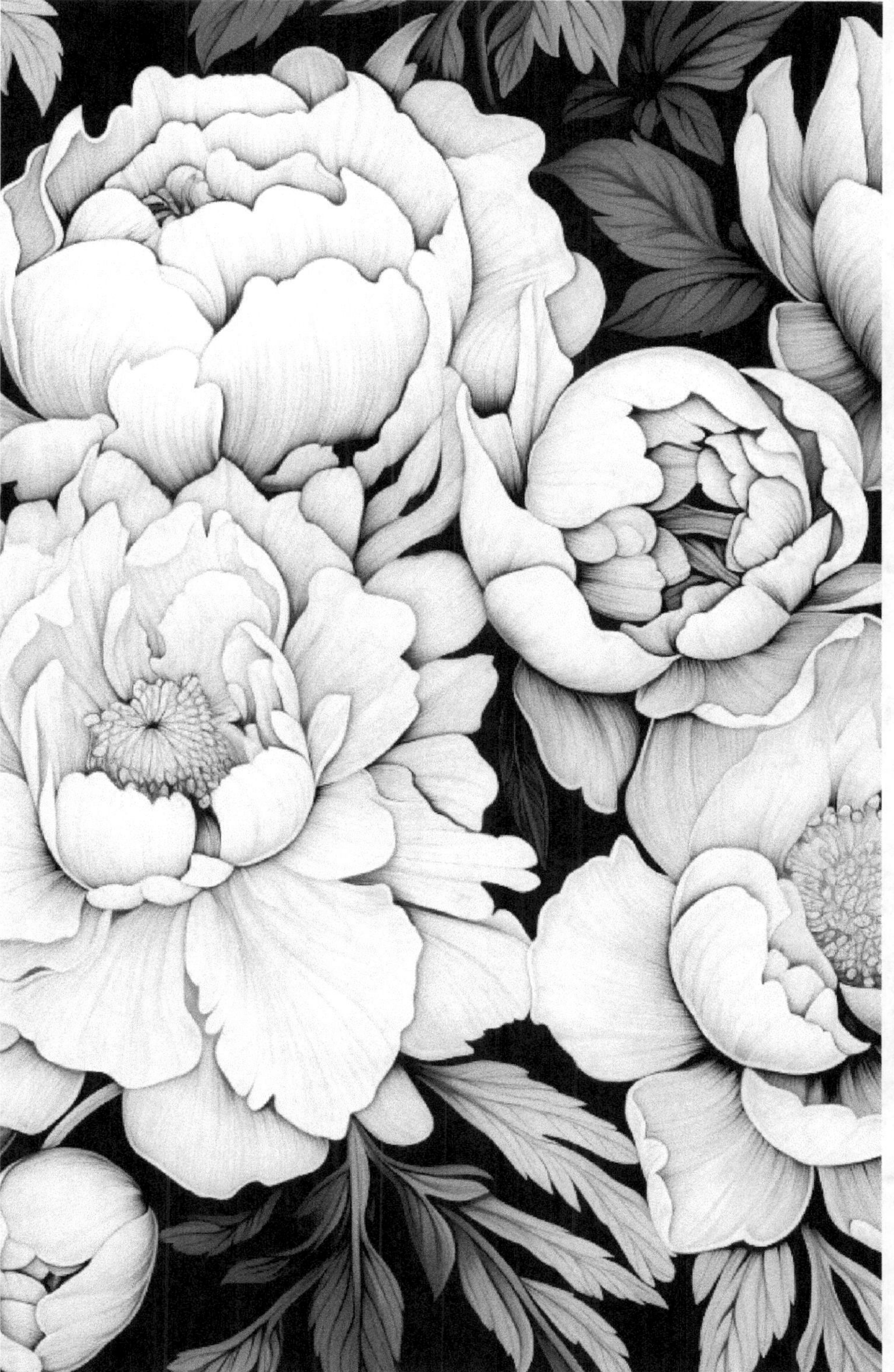

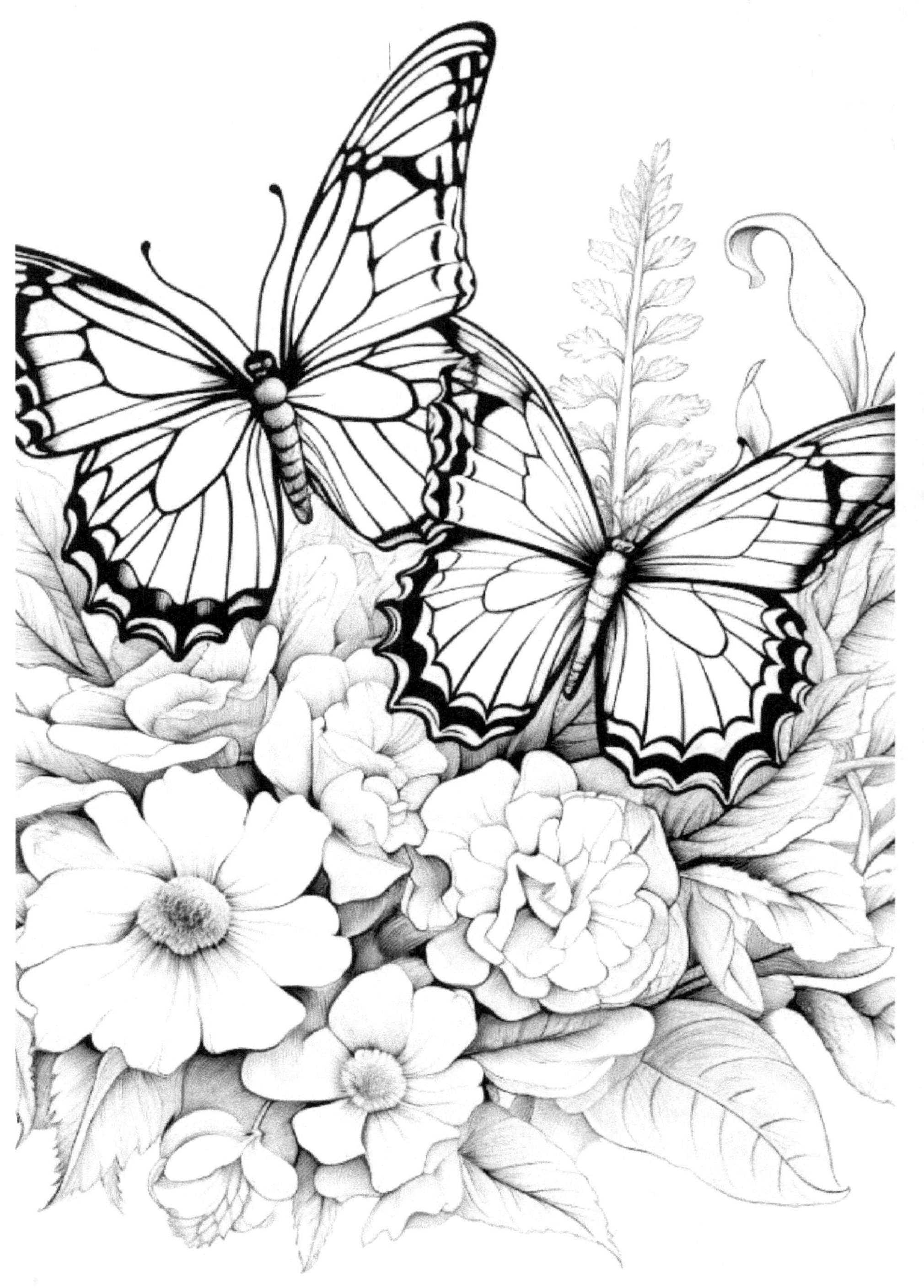

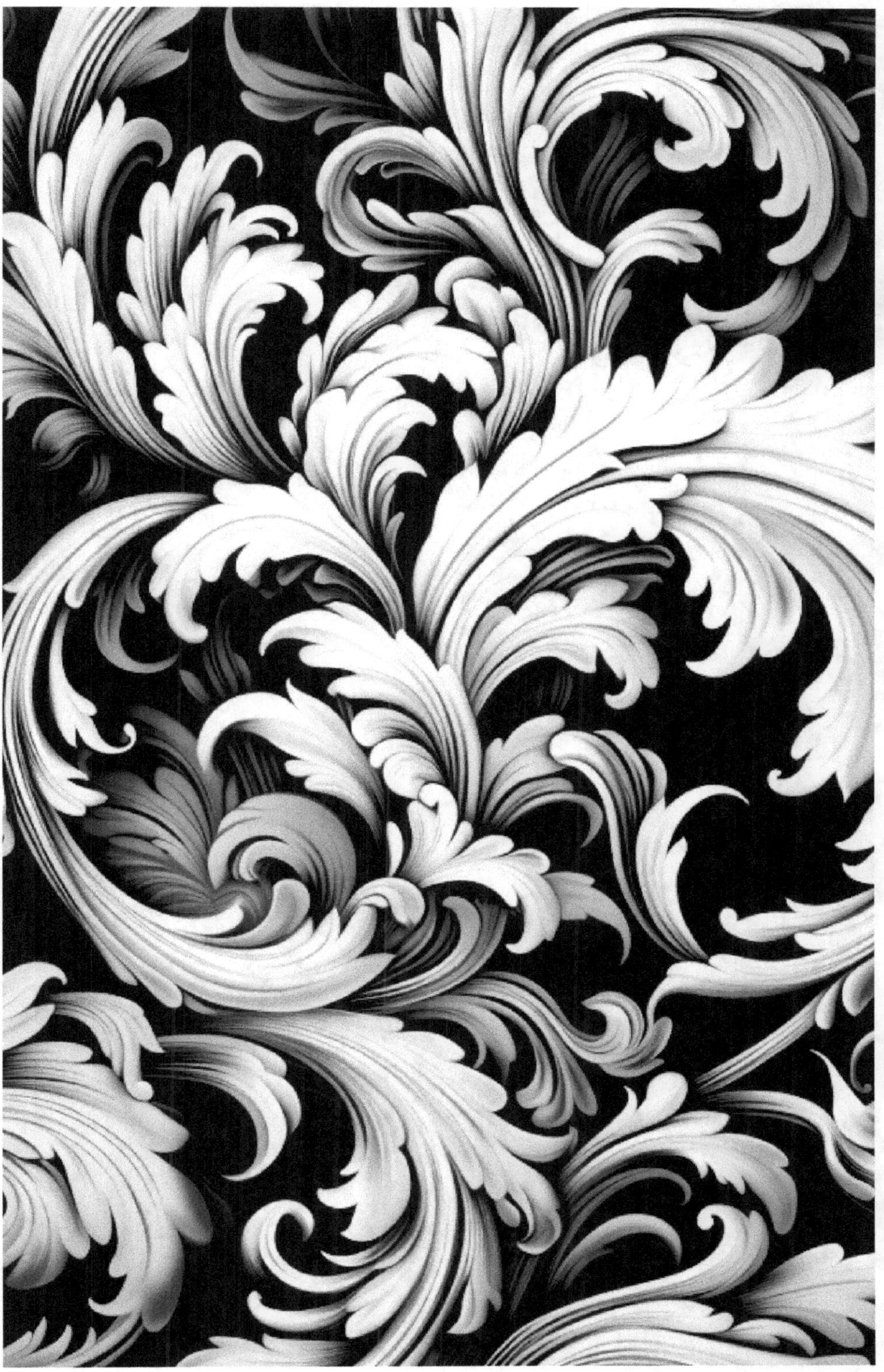

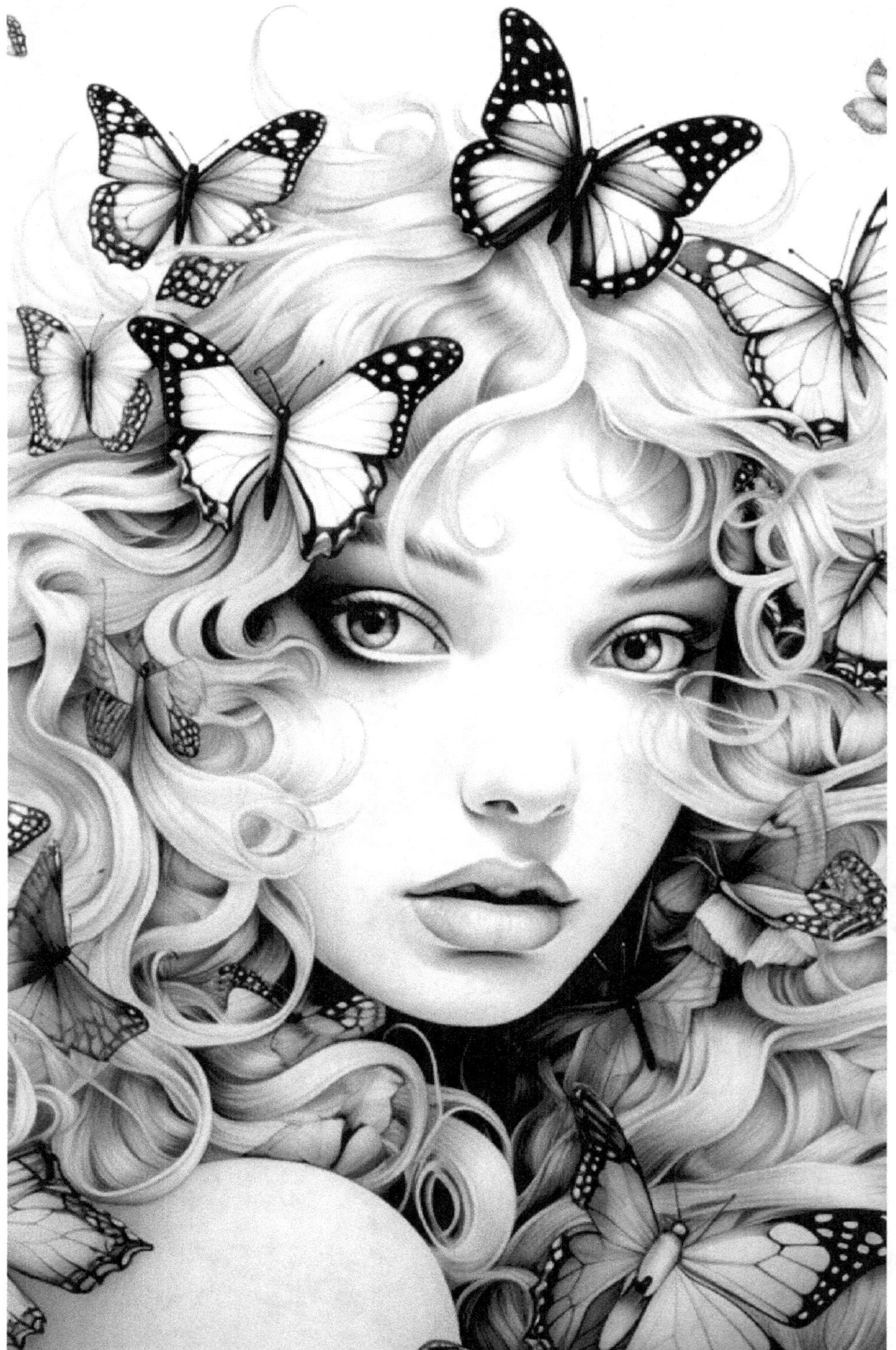

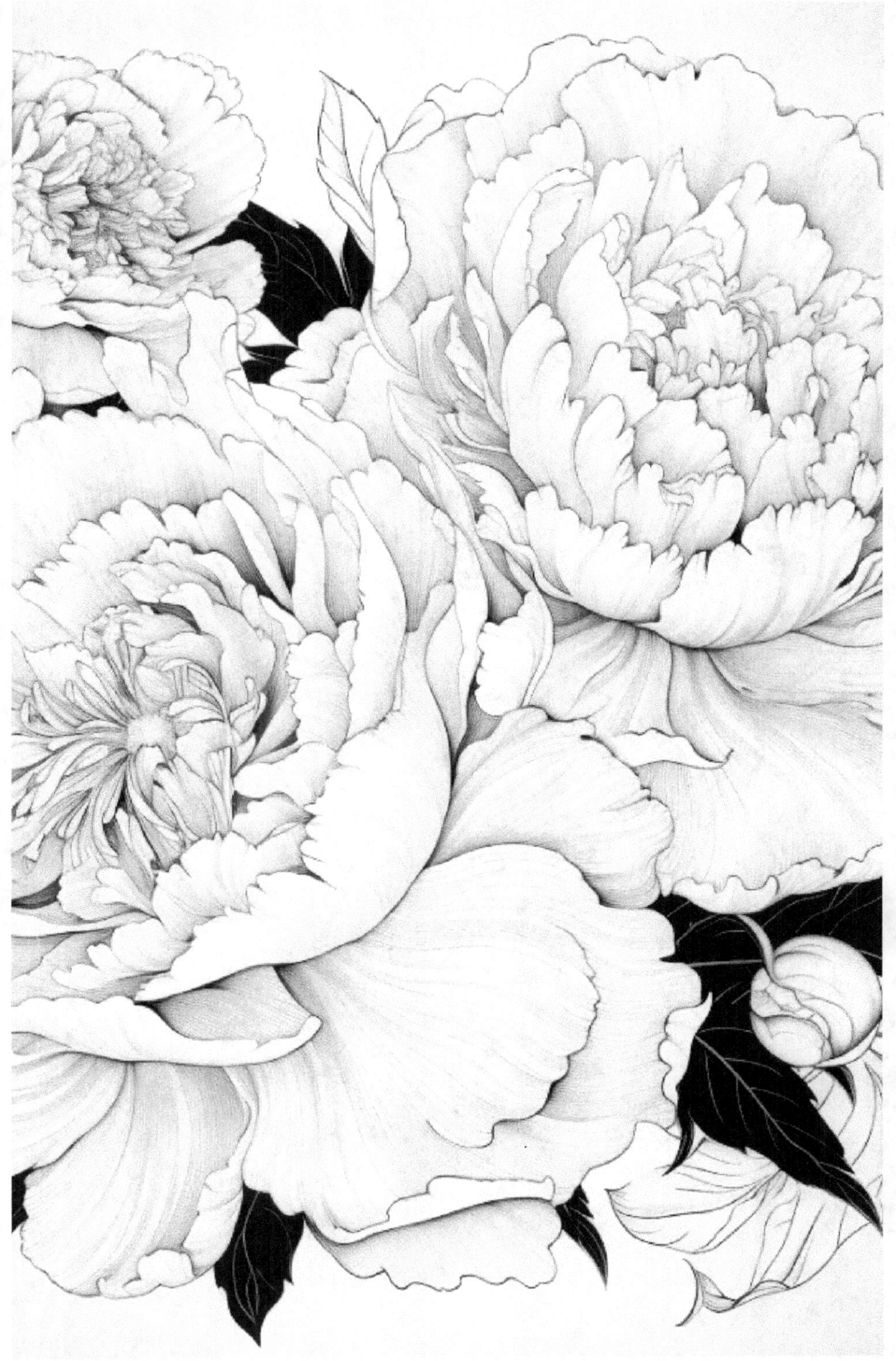

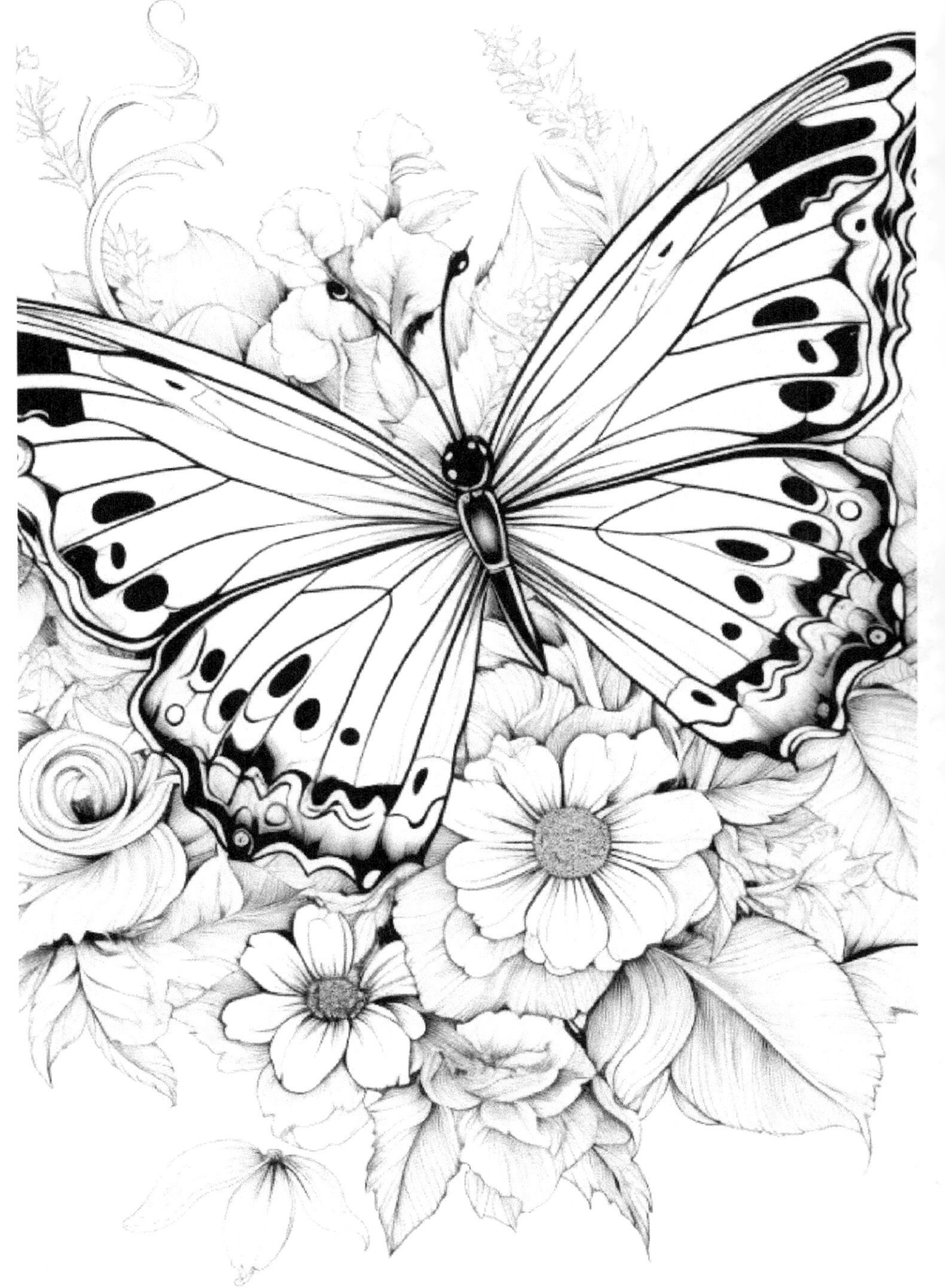

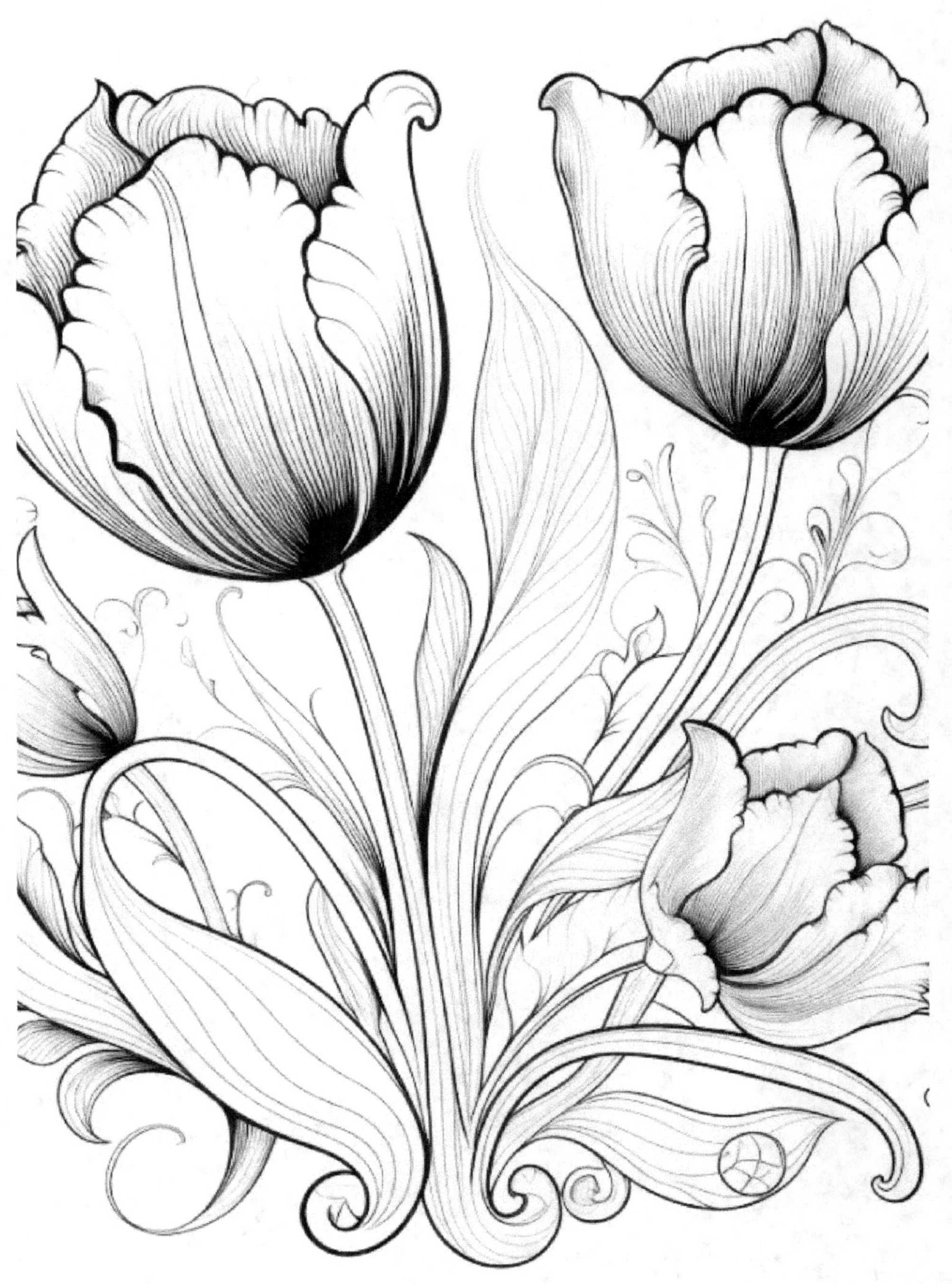

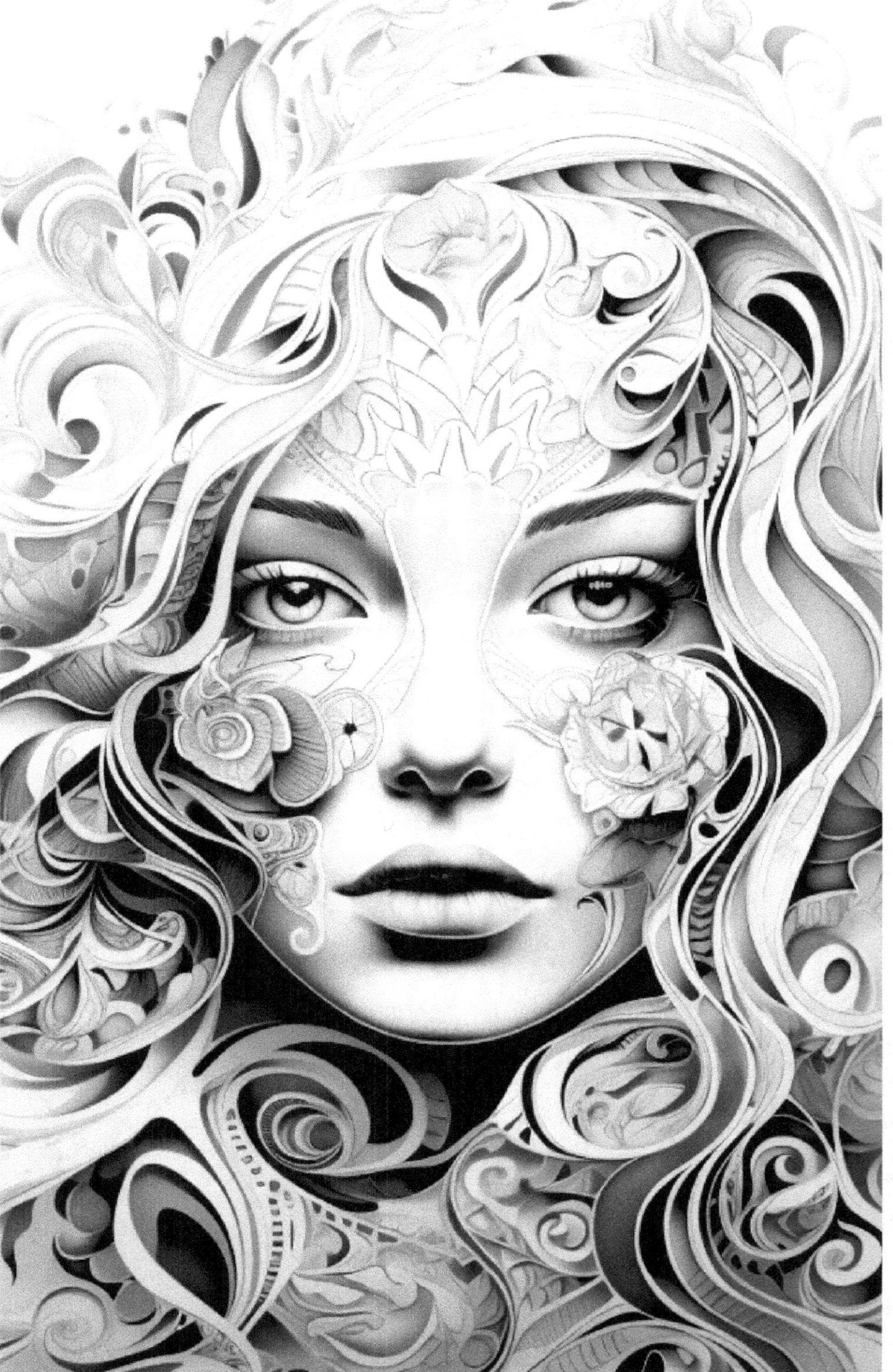

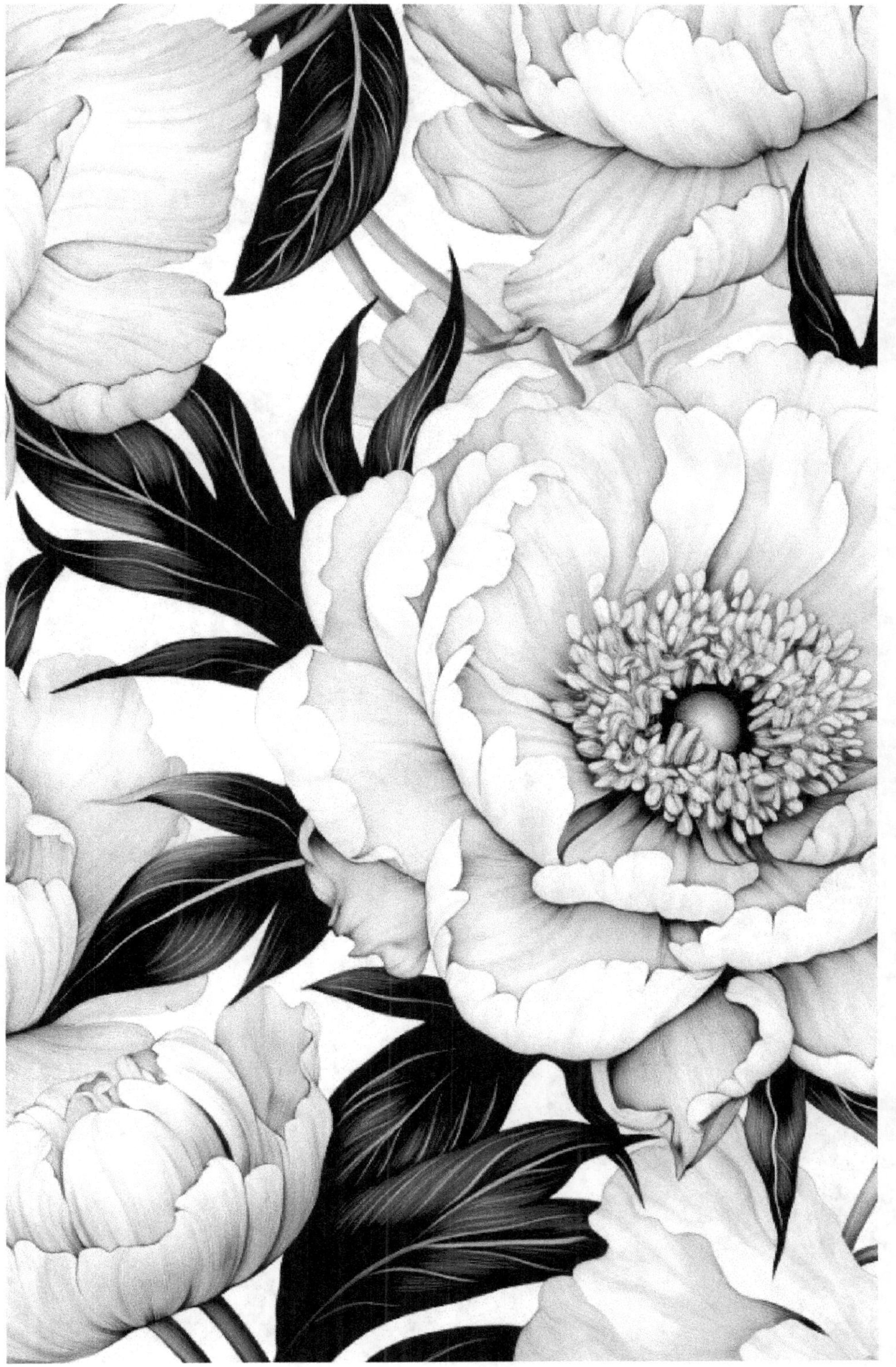

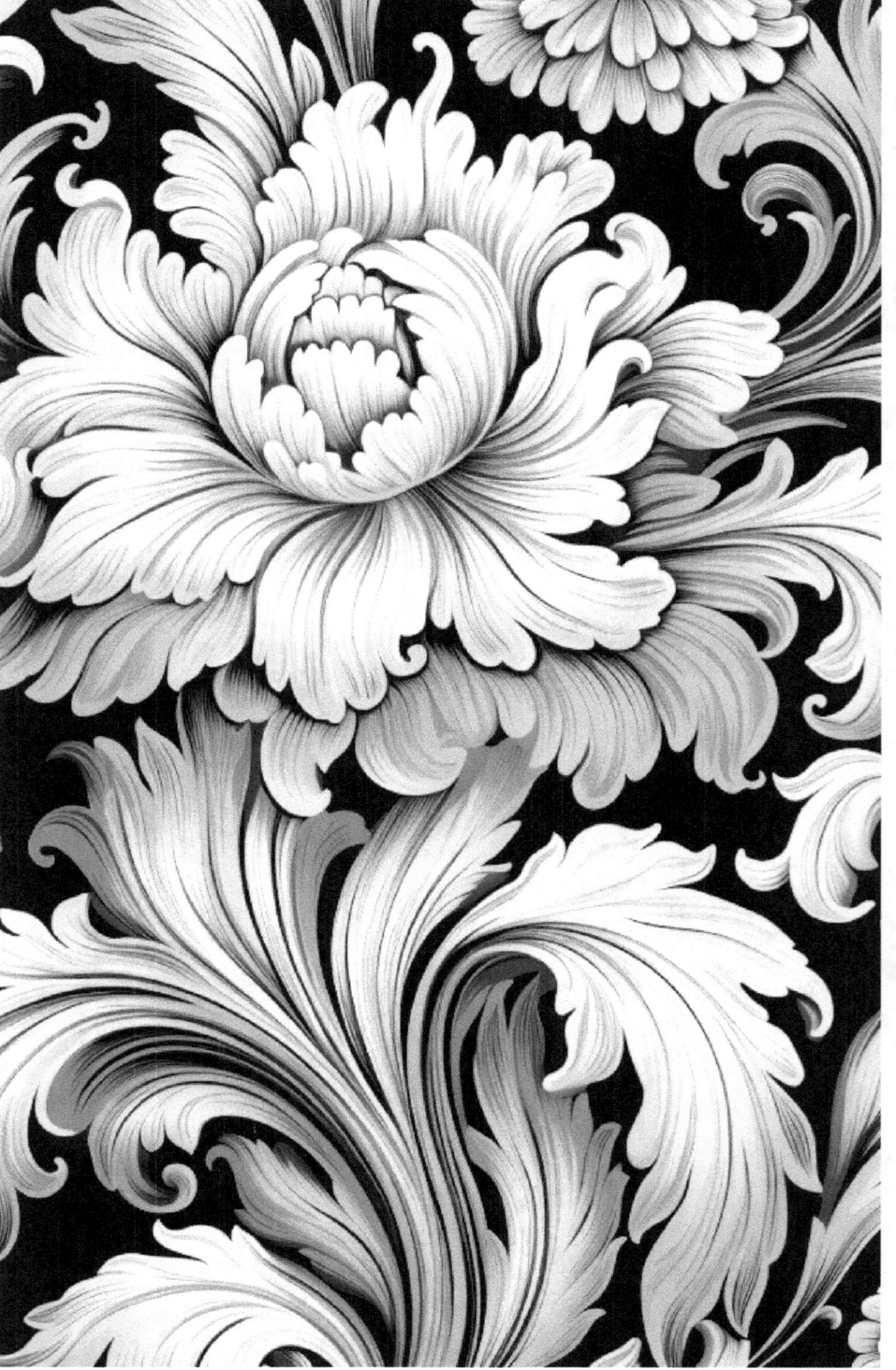

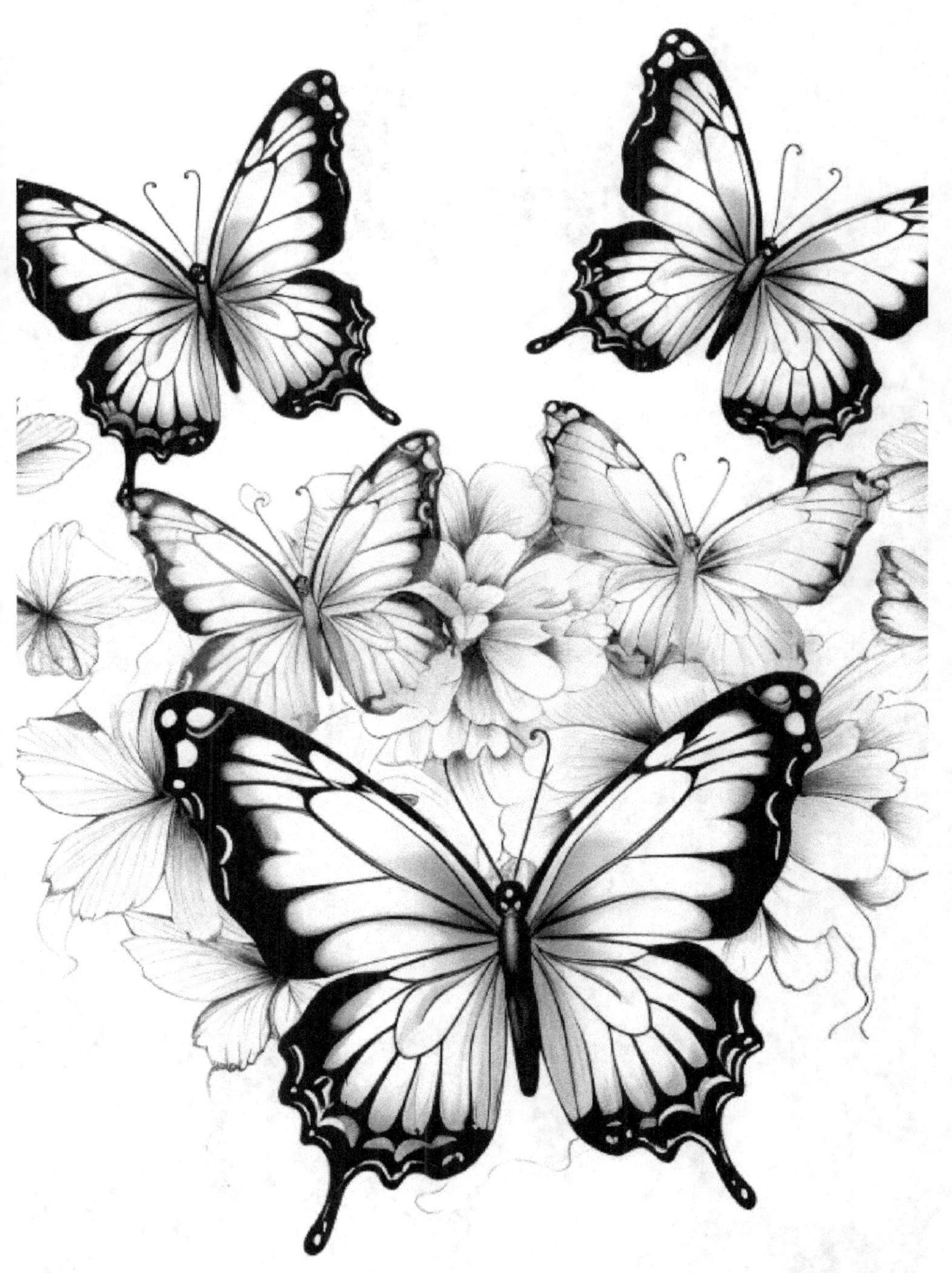

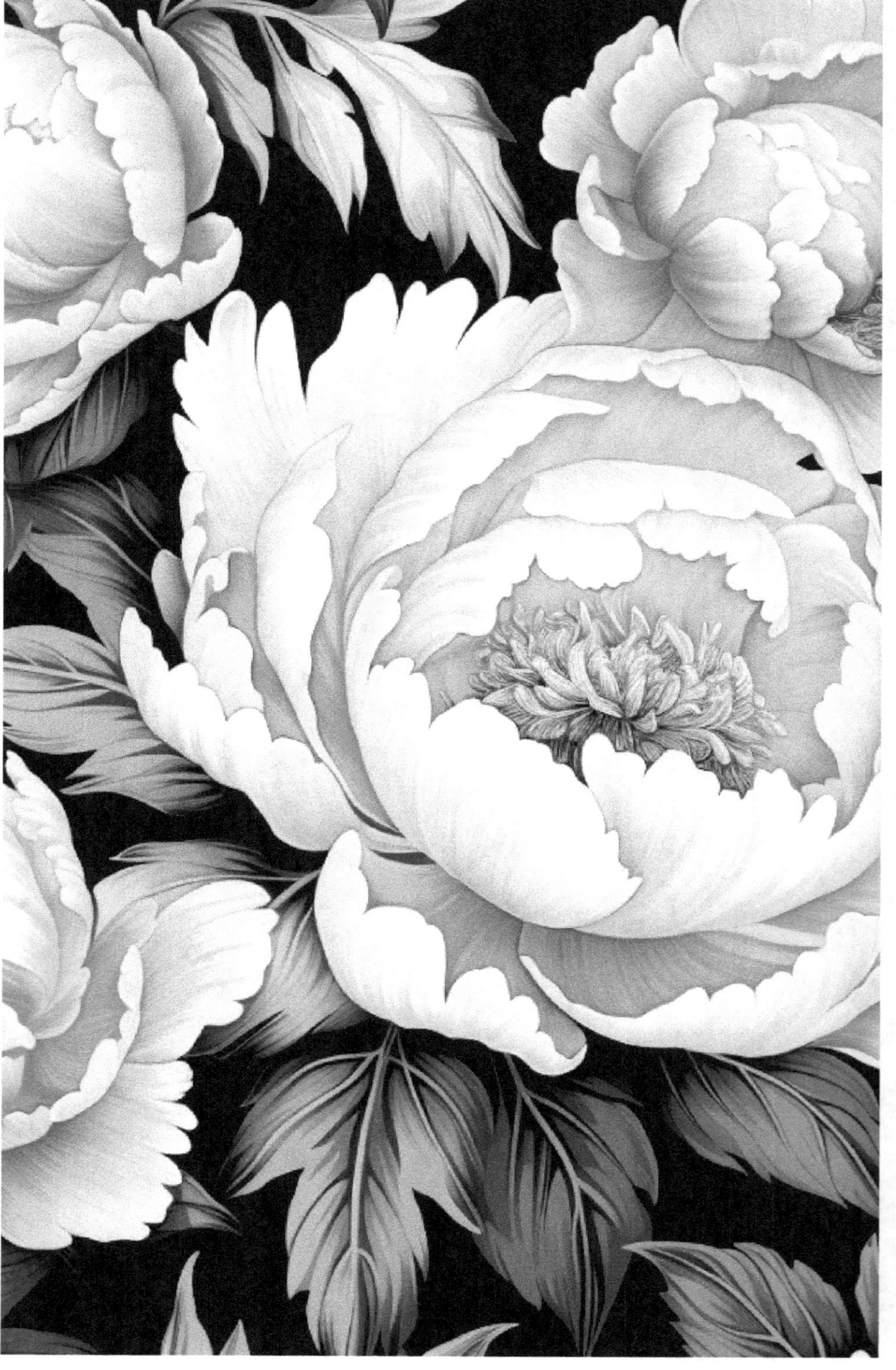

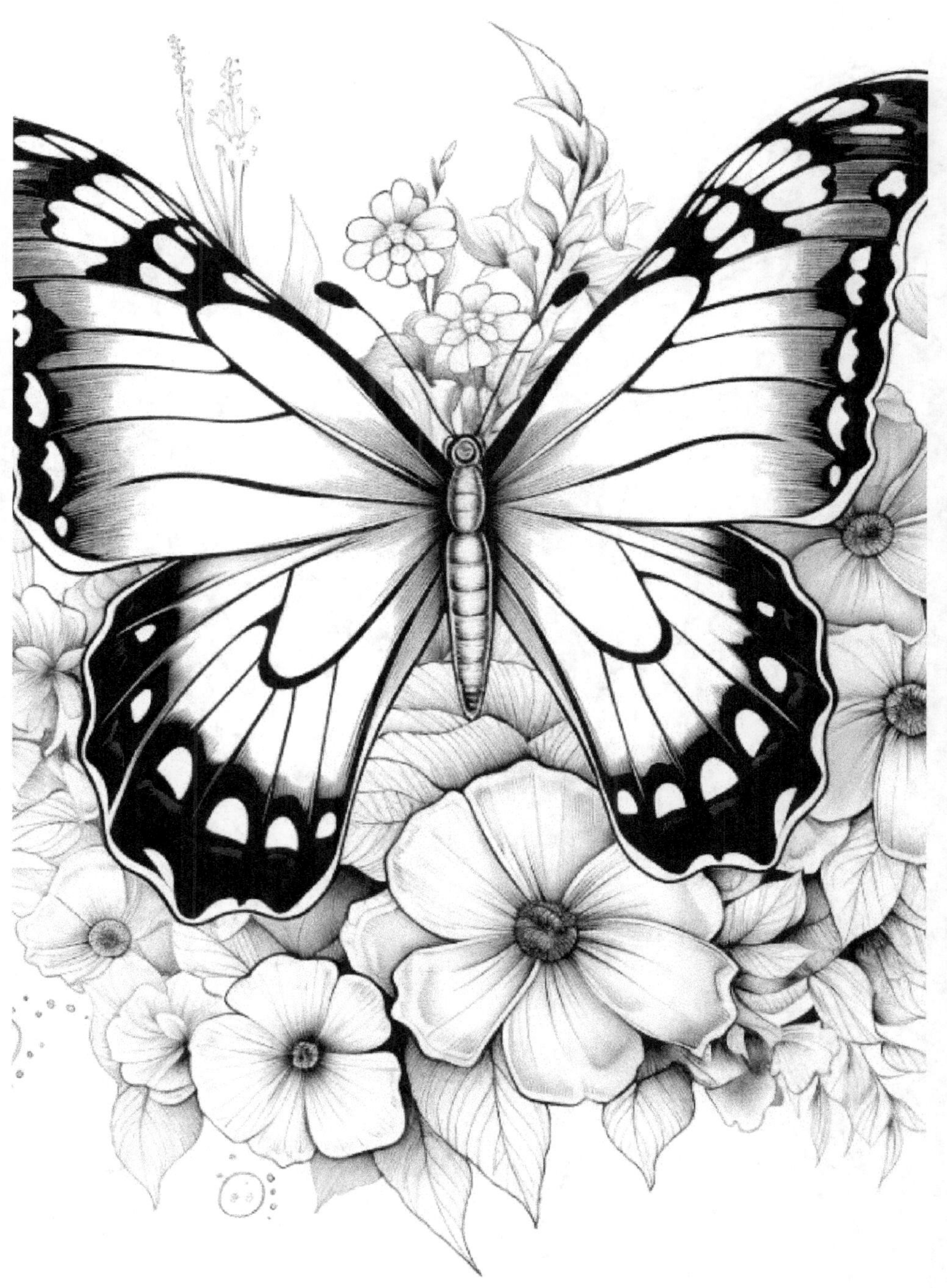

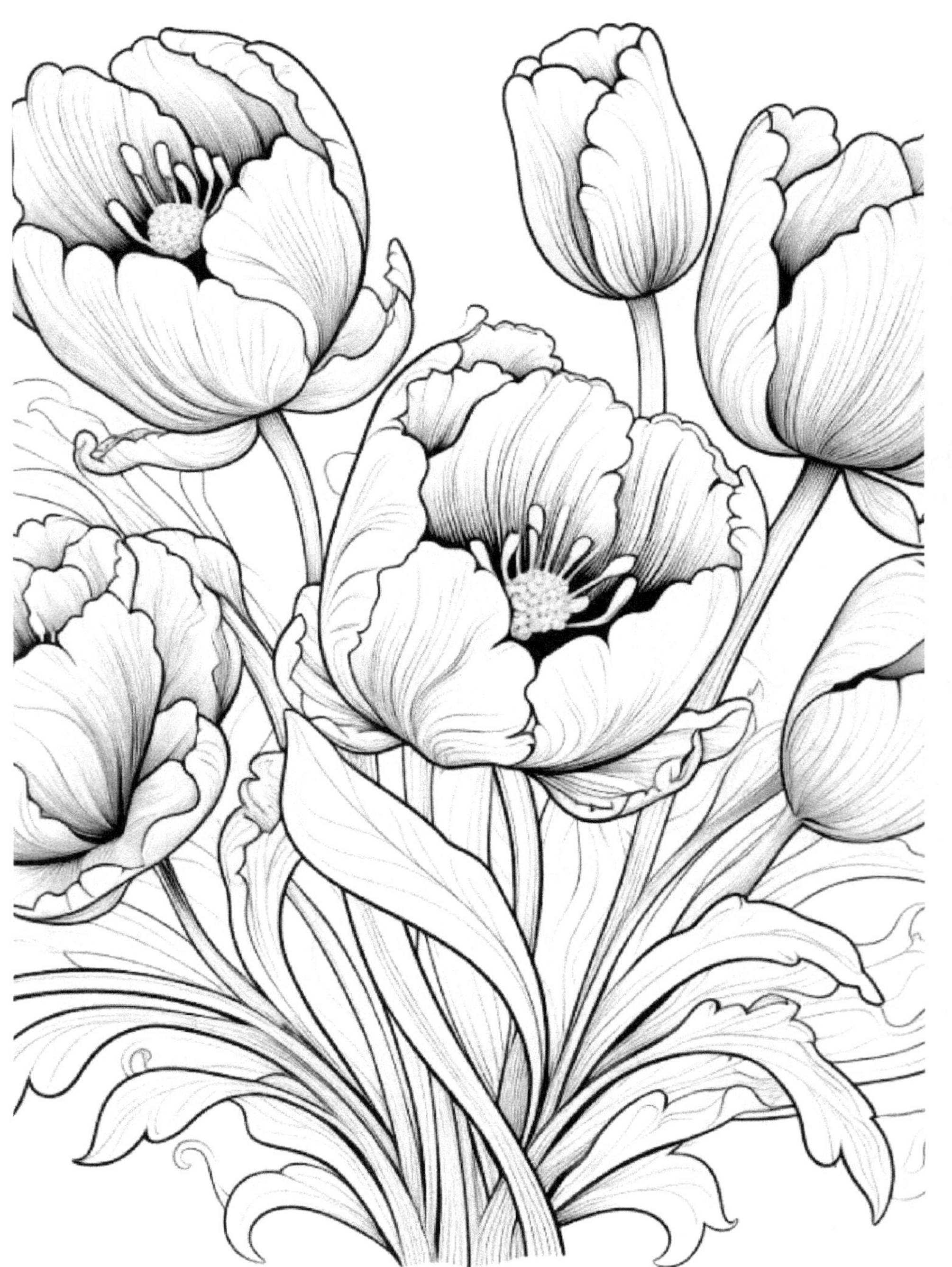

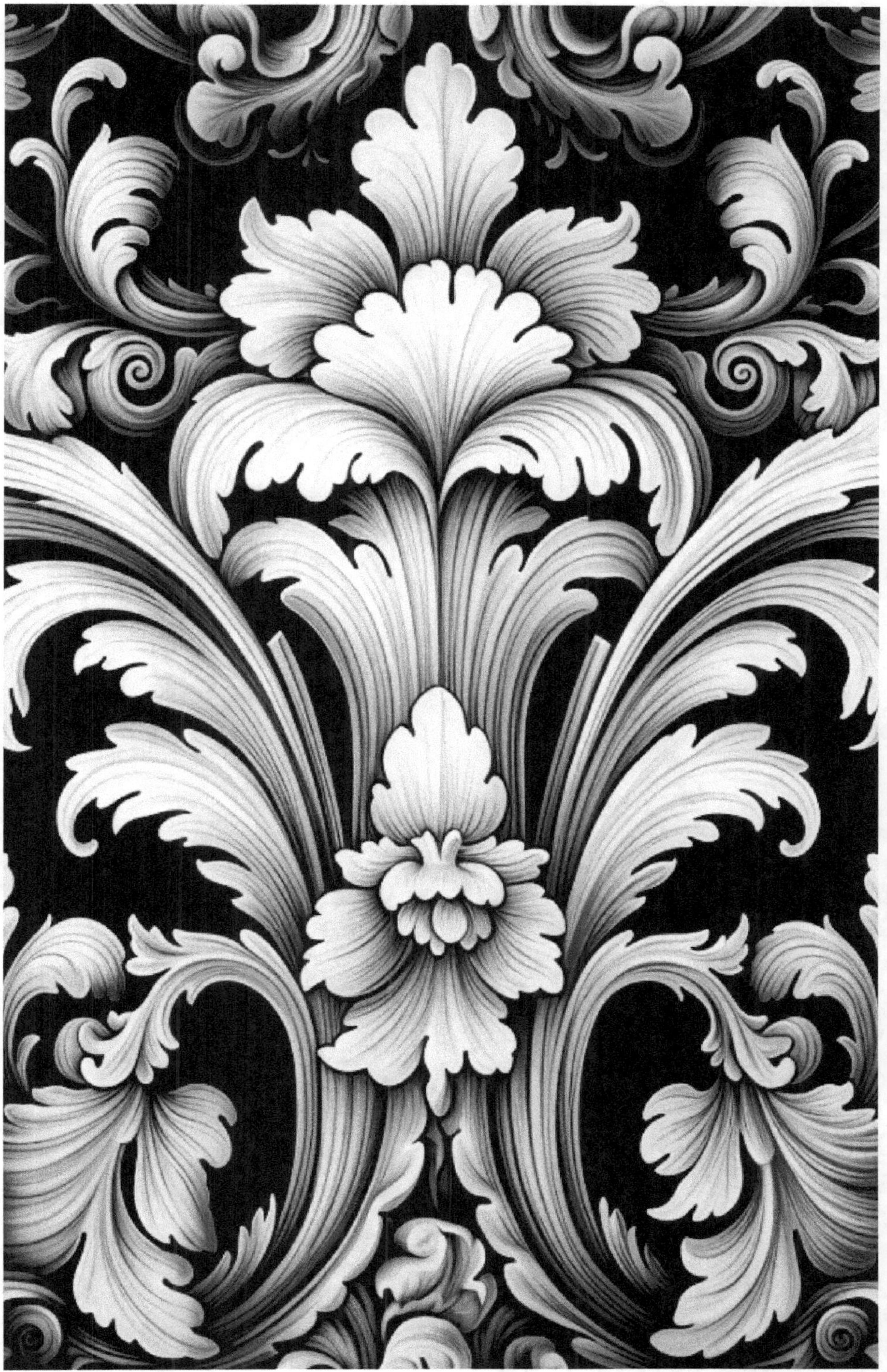

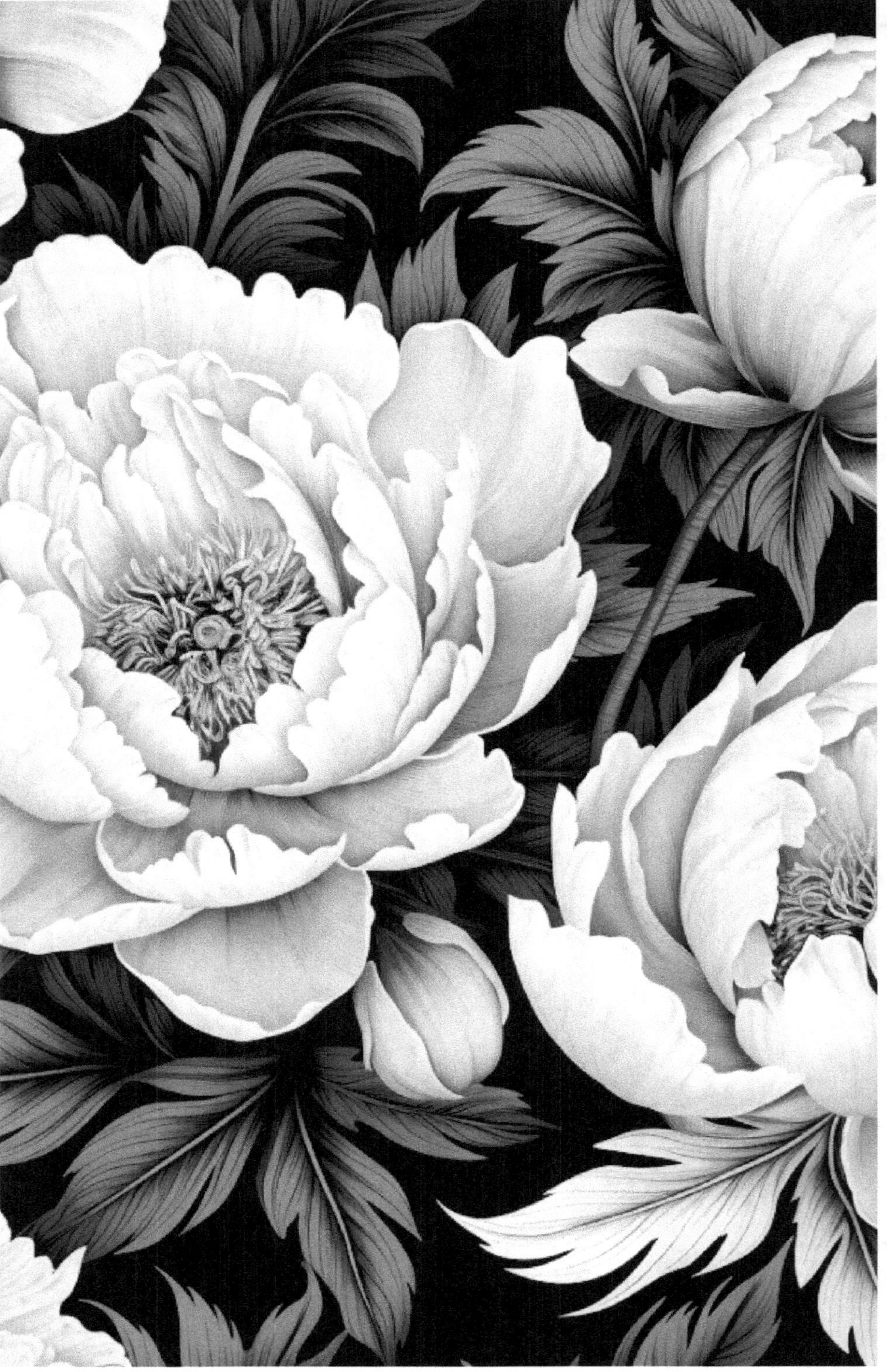

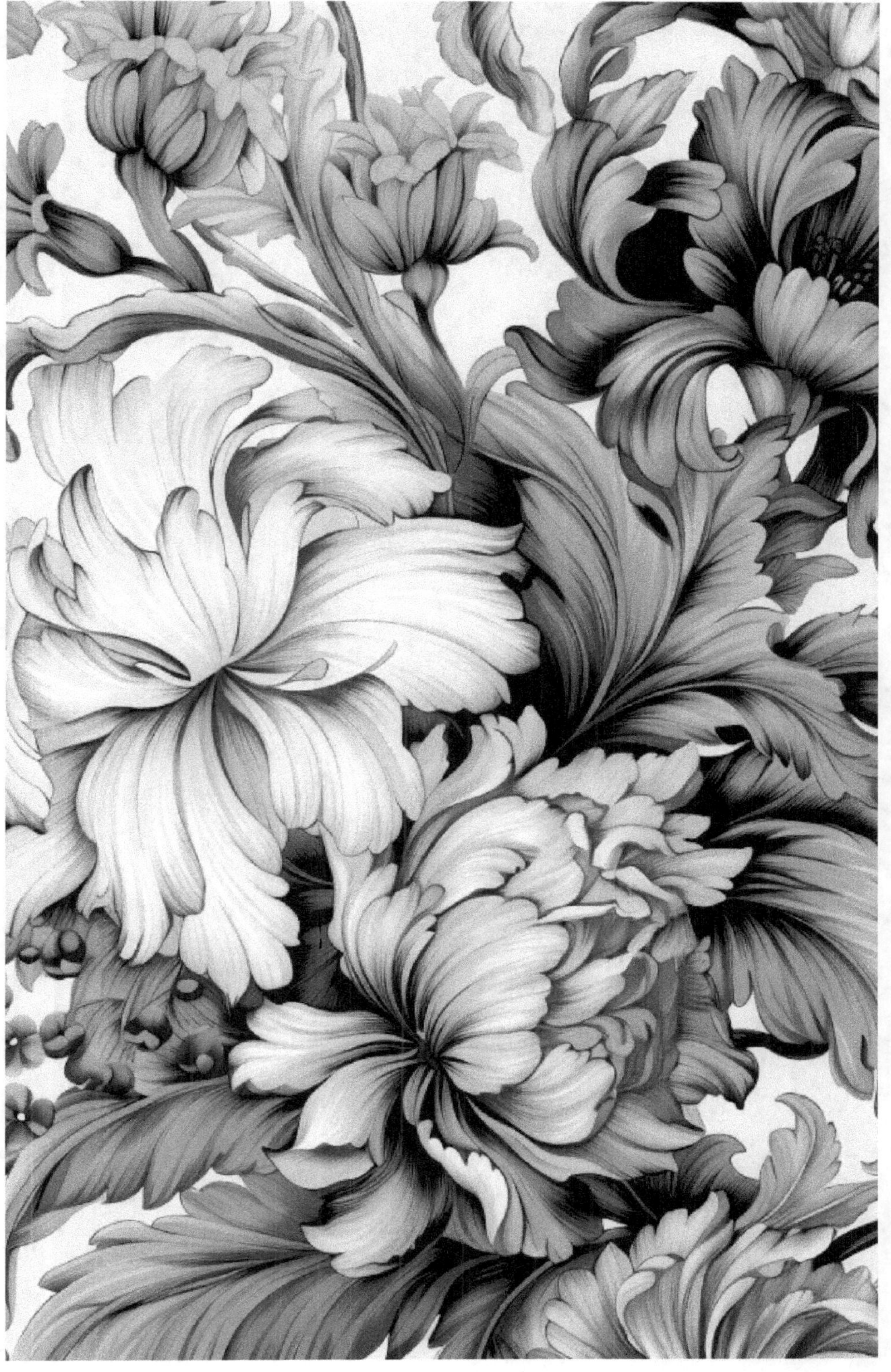

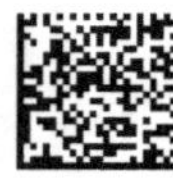

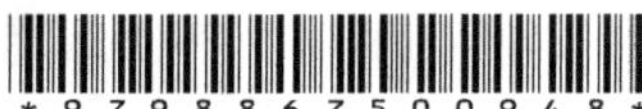
* 9 7 9 8 8 6 7 5 0 0 9 4 8 *